Barbacoa cetogénica para principiantes

Recetas sabrosas, bajas en carbohidratos y fáciles de hacer a la parrilla para mantenerse delgado y disfrutar de la comida

Mark Nelson

Índice de contenidos

Introducción

Muchas gracias por comprar este increíble libro de cocina keto.

La palabra ceto viene de cetosis, que es un proceso metabólico natural. Podemos decir que una dieta cetogénica es aquella combinación de comidas que puede inducir o acelerar la tasa de cetosis que se produce en el cuerpo humano. El siguiente tema sería ¿por qué la cetosis se considera saludable? La cetosis es el proceso en el que las grasas se descomponen para liberar energía y cetonas. Se beneficia de la producción de una cantidad decente de energía, reduciendo la grasa almacenada en el cuerpo y proporcionando cetonas para el metabolismo del cuerpo. Curiosamente, la cetosis no puede producirse en la glucosa o en los hidratos de carbono libremente disponibles: en el cuerpo. Nuestra dieta habitual contiene más carbohidratos que grasas; por supuesto, dependemos de los carbohidratos para extraer la energía necesaria. La dieta cetogénica es la forma de cambiar nuestro cuerpo basado en los carbohidratos a uno basado en las grasas. De este modo, la ingesta diaria de carbohidratos se limita a 50 gramos y en su lugar se recomienda el uso correcto de las grasas. Todos los ingredientes ricos en carbohidratos están prohibidos en este plan de dieta.

Menos azúcar significa menos agentes tóxicos en la sangre. Estas mismas toxinas son las responsables de causar el acné y otros problemas de la piel. Por ello, la dieta cetogénica está resultando eficaz para controlar el acné y muchos otros problemas.

Disfruta de tu comida.

Platos de aves de corral

Pollo con arce y tocino

Tiempo de preparación: 20 minutos

Tiempo de cocción: 1 y ½ horas

Porciones: 7

Ingredientes:

4 pechugas de pollo deshuesadas y sin piel

Sal según sea necesario

Pimienta fresca

12 rebanadas de tocino, sin cocinar

1 taza de jarabe de arce

½ taza de mantequilla derretida

1 cucharadita de humo líquido

Direcciones:

Precaliente su ahumador a 250 grados Fahrenheit

Sazonar el pollo con pimienta y sal

Envuelve la pechuga con 3 lonchas de bacon y cubre toda la superficie

Asegure el tocino con palillos de dientes

Tome un tazón mediano y agregue el jarabe de arce, la mantequilla, el humo líquido y mezcle bien

Reservar 1/3 de esta mezcla para su uso posterior

Sumergir las pechugas de pollo en la mezcla de mantequilla y cubrirlas bien

Coloque una sartén en su ahumador y transfiera el pollo a su ahumador

Ahumador de 1 a 1 hora y media

Unte el pollo con la mantequilla reservada y ahúmelo durante 30 minutos más hasta que la temperatura interna alcance los 165 grados Fahrenheit

Que lo disfrutes.

La nutrición:

Calorías: 458

Carbohidratos: 65g

Grasas: 20g

Fibra: 1g

Pollo al pimentón

Tiempo de preparación: 20 minutos

Tiempo de cocción: 2 - 4 horas

Porciones: 7

Ingredientes:

4-6 pechugas de pollo

4 cucharadas de aceite de oliva

2 cucharadas de pimentón ahumado

½ cucharada de sal

¼ de cucharadita de pimienta

2 cucharaditas de ajo en polvo

2 cucharaditas de sal de ajo

2 cucharaditas de pimienta

1 cucharadita de pimienta de cayena

1 cucharadita de romero

Direcciones:

Precaliente su ahumador a 220 grados Fahrenheit utilizando sus pellets de madera favoritos

Prepare la pechuga de pollo según las formas que desee y pásela a una fuente de horno engrasada

Coge un bol mediano y añade las especias, remueve bien

Presione la mezcla de especias sobre el pollo y transfiera el pollo al ahumador

Ahumar durante 1-1 y ½ horas

Dar la vuelta y cocinar durante 30 minutos más

Una vez que la temperatura interna alcanza los 165 grados Fahrenheit

Retirar del ahumador y cubrir con papel de aluminio

Déjelo reposar durante 15 minutos

Que lo disfrutes.

La nutrición:

Calorías: 237

Grasas: 6,1g

Carbohidratos: 14g

Fibra: 3g

Pechuga de ganso con sabor a cítricos

Tiempo de preparación: 6 horas

Tiempo de cocción: 40 minutos

Porciones: 6

Ingredientes:

½ taza de zumo de naranja

1/3 de taza de aceite de oliva

1/3 de taza de mostaza de Dijon

1/3 de taza de azúcar moreno

¼ de taza de salsa de soja

¼ de taza de miel

1 cucharada de cebolla picada seca

1 cucharadita de ajo en polvo

8 mitades de pechuga de ganso

1 taza de astillas de nogal empapadas

Direcciones:

Coger un bol mediano y batir el zumo de naranja, la mostaza, el aceite de oliva, la salsa de soja, el azúcar encebollado y la miel y el ajo en polvo. Mezcle bien la marinada.

Colocar el ganso en la marinada y cubrirlo.

Deje que se refrigere durante unas 3-6 horas. Precaliente su ahumador a una temperatura de 300 grados Fahrenheit. Añada algunas astillas de nogal empapadas para crear más humo.

Coloque las pechugas en la rejilla y úntelas de vez en cuando con la marinada durante los primeros 30 minutos.

Ahúmelos hasta que los jugos salgan claros y la pechuga alcance una temperatura interna de 165 grados Fahrenheit.

La nutrición:

Calorías: 1094

Proteínas: 32g

Carbohidratos: 14g

Grasa: 64g

Pavo ahumado con azúcar moreno

Tiempo de preparación: 15 minutos

Tiempo de cocción: 8 horas

Porciones: 6

Ingredientes:

2 lbs. Pechuga de pavo

4 tazas de agua fría

¼ de taza de sal

1 taza de azúcar moreno

2 cucharadas de ajo en polvo

1 cucharada de sal marina

1 cucharada de pimienta de cayena

2 cucharadas de cebollas secas

2 cucharadas de azúcar

2 cucharadas de chile en polvo

2 cucharadas de pimienta negra

2 cucharadas de comino

¼ de taza de pimentón

2 cucharadas de azúcar moreno

Direcciones:

En un recipiente suficientemente grande, mezcle todos los ingredientes de la salmuera, excepto el pavo.

Añada el pavo y cúbralo bien con la salmuera. Coloque este recipiente en su refrigerador durante unas 15-20 horas.

Saque el pavo de la mezcla de salmuera.

Prepare su ahumador-parrilla de pellets de madera precalentándolo a una temperatura de unos 180°F. Cierre la tapa durante unos 15 minutos antes de añadir el pavo.

Prepare el aliño para barbacoa con los ingredientes proporcionados y recubra el pavo adecuadamente.

Transfiera este pavo sazonado directamente a la parrilla.

Deje que pasen entre 6 y 8 horas de ahumado para conseguir una temperatura interna de unos 160°F.

Retire el pavo ahumado de la parrilla del ahumador y déjelo reposar durante al menos 10 minutos.

La nutrición:

Calorías: 155

Proteínas: 29g

Carbohidratos: 8g

Grasa: 3g

Pavo entero

Tiempo de preparación: 30 minutos

Tiempo de cocción: 6 horas

Porciones: 8

Ingredientes:

Dos cucharadas de tomillo

Dos t. de salvia

½ taza de zumo de manzana

Una barra de mantequilla derretida

¼ de taza de condimento para aves

EVOO

10-12 libras de pavo

Direcciones:

Añada pellets de madera a su ahumador y siga el procedimiento de puesta en marcha de su cocina. Precaliente su ahumador, con la tapa cerrada, hasta que llegue a 250.

Frote el aceite y el condimento sobre el pavo. Métalo debajo de la piel y en el interior.

Mezclar el tomillo, la salvia, el zumo y la mantequilla.

Coloque el pavo en una bandeja para asar, póngalo en la parrilla, tápelo y cocínelo durante 5-6 horas. Bañarlo cada hora con la mezcla de jugo.

Debería alcanzar los 165 grados. Déjelo reposar durante 15-20 minutos antes de cortarlo.

La nutrición:

Calorías: 48.2

Proteínas: 8,3g

Carbohidratos: 0,3g

Grasa: 1,4g

Alitas de pavo con piña

Tiempo de preparación: 30 minutos

Tiempo de cocción: 6 horas

Porciones: 6

Ingredientes:

Pimienta

Sal

¼ de cucharada de ajo en polvo

Dos libras de alas de pavo

Una cucharada de azúcar moreno envasado

Dos cucharadas de chile en polvo

Una lata de 11 onzas de piña, sin escurrir

¼ de cucharada de jengibre molido

Una lata de salsa de tomate de 11 onzas

Direcciones:

Poner las alas de pavo en una fuente grande. Asegúrese de que estén en una sola capa. En un bol, pon la pimienta, la sal, el ajo en polvo, el jengibre, el chile en polvo, el azúcar moreno, la piña y la salsa de tomate.

Esta mezcla debe verterse sobre el pavo. Colóquelo en el frigorífico durante cuatro o cinco horas.

Añada pellets de madera a su ahumador y siga el procedimiento de puesta en marcha de su cocina.

Precaliente su ahumador, con la tapa cerrada, hasta que llegue a 350. Saque las alas de pavo de la marinada.

Utiliza las toallas de papel para secarlas. Colóquelos en la parrilla y ahúmelos durante 5 minutos por ambos lados.

Pasar al lado frío y dejar que se ahume durante 40 minutos más. La temperatura interna debe ser de 165.

La nutrición:

Calorías: 260

Proteínas: 31,05g

Carbohidratos: 0,1g

Grasa: 14,1g

Platos de cerdo

Costillas de cerdo ahumadas con salsa de granada

Tiempo de preparación: 48 minutos

Tiempo de cocción: unas 4 horas

Porciones: 6

Ingredientes:

Hojas de laurel 2

Costillas de cerdo - 2 racks de baby back

Canela en rama 2

Bayas de pimienta de Jamaica-2 cucharadas.

Cebolla-1

Sal-½ taza

Granos de pimienta enteros-2 cucharadas.

Ajo-1 cabeza, cortada por la mitad

Para la salsa:

Sidra de manzana-1 taza

Melaza de granada 1/3 de taza

Ajo en polvo-1 cucharadita.

Pimienta de Jamaica-1 cucharadita, recién molida

Cebolla pequeña 1

Sal-½ cucharadita.

Canela-½ cucharadita

Zumo de granada: media taza

Pimienta negra-¼ de cucharadita, recién molida

Cebolla en polvo-1 cucharadita

Azúcar moreno-1 taza

Cilantro-fresco

Direcciones:

Prepare la salmuera combinando el agua con las hojas de laurel, el ajo, las bayas de pimienta de Jamaica, la cebolla, las ramas de canela, la pimienta en grano y la sal. Hervir y dejar enfriar la mezcla.

Sumergir los costillares de cerdo en la mezcla de salmuera. Tápelo y déjelo durante 12-24 horas.

Combine todos los ingredientes para la salsa y cueza todo a fuego lento durante unos 30-32 minutos en una cacerola lo suficientemente grande. Apártela para dejarla enfriar. A continuación, transfiera la mezcla a su batidora o a un procesador de alimentos para conseguir la consistencia deseada.

Retira las costillas y sécalas con papel de cocina.

Prepare su parrilla de ahumado precalentándola a una temperatura de ahumado de unos 180°F. Cierre la tapa superior y déjela durante 12-18 minutos.

Ponga la sección de hueso de la costilla en la parrilla. Ahúme durante unas 2-3 horas.

Aumente la temperatura de ahumado a 375°F y cocine las costillas durante 60 minutos, bañándolas regularmente con la salsa de granada.

Retirar y decorar con cilantro al momento de servir.

La nutrición:

Carbohidratos-0 g

Proteína-48 g

Grasa-17 g

Sodio-71 mg

Colesterol-124 mg

Bolas de salchicha de cerdo calientes

y tiernas

Tiempo de preparación: 55 minutos

Tiempo de cocción: aproximadamente 1 hora

Porciones: 8

Ingredientes:

Para las albóndigas:

Leche entera-½ taza

Salchicha de cerdo-½ libra, suave, molida

Carne molida-2 ¼ lbs.

Huevo-1

Chili en polvo-2 cucharaditas.

Pan rallado-1 taza

Salsa picante-1 cucharadita

Para la salsa:

Sal Kosher

Aceite de oliva-1 cucharada.

Agua-1 taza

Chili ancho-1 cucharadita, en polvo

Cebolla amarilla 1/2, cortada en dados

Ketchup-2 tazas

Azúcar moreno-1 ½ tazas

Ajo-1 diente, picado

Sidra de manzana-3 cucharadas.

Direcciones:

En un recipiente lo suficientemente grande, mezcle la salchicha molida, la carne de res y el pan rallado.

En otro bol, prepare una mezcla de leche, salsa picante y huevo. Combinar con la mezcla de salchichas y añadir pimienta, sal y chile en polvo.

Prepare las albóndigas y colóquelas en papel de aluminio.

Prepare la parrilla del ahumador precalentándola a una temperatura de ahumado de unos 180°F. Cierre la tapa superior y déjela durante 12-15 minutos.

Ponga las albóndigas en una sartén de hierro fundido y transfiéralas a la parrilla para que se ahumen durante unos 48-60 minutos.

Calentar el aceite en una cacerola suficientemente grande y cocinar la cebolla junto con el ajo disponible. Añadir sal y cocinar removiendo durante unos 7-8 minutos. Mezclar el chile en polvo y seguir cocinando durante un minuto más. Mezclar el azúcar moreno y cocinar a fuego lento para disolverlo completamente.

Combinar la sidra de manzana y el ketchup. Cocinar a fuego lento esta salsa durante unos 16-20 minutos para conseguir la consistencia deseada.

Sacar la sartén de las albóndigas ahumadas y verter la salsa preparada sobre ellas.

Aumente la temperatura de ahumado de la parrilla del ahumador a unos 300°F.

Cocinar las albóndigas durante unos 35-45 minutos. Retirar y servir con más salsa.

La nutrición:

Carbohidratos-2 g   Proteína-7 g

Grasa-10 g   Colesterol-42 mg

Sodio-212 mg

Jamón asado

Tiempo de preparación: 15 minutos

Tiempo de cocción: 2 horas 15 minutos

Porciones: 4

Ingredientes:

8-10 libras de jamón con hueso

2 cucharadas de mostaza de Dijon

¼ de taza de rábano picante

1 botella de salsa de albaricoque BBQ

Direcciones:

Precaliente su ahumador a 325 grados F

Cubra una bandeja de asar con papel de aluminio y coloque el jamón, transfiéralo al ahumador y ahúmelo durante 1 hora y 30 minutos

Tome una sartén pequeña y añada la salsa, la mostaza y el rábano picante, póngala a fuego medio y cocínela durante unos minutos

Manténgalo a un lado

Después de 1 hora y 30 minutos de ahumado, glasear el jamón y ahumar durante 30 minutos más hasta que la temperatura interna alcance los 135 grados F

Dejar reposar 20 minutos, cortar en rodajas y disfrutar.

La nutrición:

Calorías: 460

Grasas: 43g

Carbohidratos: 10g

Fibra: 1g

Lomo ahumado

Tiempo de preparación: 15 minutos

Tiempo de cocción: 3 horas

Porciones: 4

Ingredientes:

½ litro de zumo de manzana

½ cuarto de vinagre de sidra de manzana

½ taza de azúcar

¼ de taza de sal

2 cucharadas de pimienta fresca molida

1 lomo de cerdo asado

½ taza de condimento griego

Direcciones:

Tome un recipiente grande y haga la mezcla de salmuera añadiendo el zumo de manzana, el vinagre, la sal, la pimienta, el azúcar y el humo líquido, y remueva

Sigue removiendo hasta que el azúcar y la sal se hayan disuelto y añade el lomo

Añadir más agua si es necesario para sumergir la carne

Cubrir y enfriar durante la noche

Precaliente su ahumador a 250 grados Fahrenheit con Pellet de Madera de Nogal Preferido

Cubra la carne con el condimento griego y transfiérala a su ahumador

Ahumador durante 3 horas hasta que la temperatura interna de la parte más gruesa registre 160 grados Fahrenheit

Sirve y disfruta.

La nutrición:

Calorías: 169

Grasas: 5g

Carbohidratos: 3g

Fibra: 3g

Costillas ahumadas con fresas y jalapeños

Tiempo de preparación: 15 minutos

Tiempo de cocción: 3 horas

Porciones: 4

Ingredientes:

3 cucharadas de sal

2 cucharadas de comino molido

1 cucharada de orégano seco

1 cucharada de ajo picado

2 cucharaditas de chile en polvo

1 cucharadita de pimienta negra molida

1 cucharadita de semillas de apio

1 cucharadita de tomillo seco

1 costilla de cerdo

2 costillas de cerdo

1 taza de zumo de manzana

2 chiles jalapeños, cortados por la mitad a lo largo, sin semillas

½ taza de cerveza

½ taza de cebolla picada

¼ de taza de fresa sin azúcar

3 cucharadas de salsa BBQ

1 cucharada de aceite de oliva

2 dientes de ajo

Sal y pimienta al gusto

Direcciones:

Toma un bol y añade sal, orégano, comino y ajo picado, 1 cucharadita de pimienta negra molida, chile en polvo, tomillo molido y semillas de apio

Pasar la mezcla a un procesador de alimentos

Coloca tus costillitas y el costillar de repuesto en hojas de papel de aluminio y frota la mezcla de especias por todo su cuerpo

Doblar el papel de aluminio alrededor de cada uno de ellos

Divida y vierta el zumo de manzana entre los paquetes de papel de aluminio y junte los bordes para sellarlos

Déjelos marinar durante unas 8 horas o toda la noche

Prepare la rejilla de su horno y colóquela a unos 15 centímetros de la fuente de pellets de madera Preferred y precaliente la parrilla de su horno

Alinee una bandeja para hornear con el papel de aluminio y coloque su chile jalapeño encima, con la parte cortada hacia abajo

Cocine los chiles jalapeños durante 8 minutos bajo el asador hasta que la piel se ennegrezca

Añádelas a una bolsa de plástico con cierre

Deje que los pimientos se cocinen al vapor durante 20 minutos

Retirarlas y desechar la piel

Licuar los chiles jalapeños, la cebolla, la cerveza, la confitura de fresa, el aceite de oliva, la salsa BBQ, la sal marina y una pizca de pimienta negra molida, todo junto en una licuadora hasta que la salsa quede totalmente homogénea

Pasar la salsa a un recipiente y cubrirla con una tapa, dejarla enfriar durante 8 horas o toda la noche

Precaliente su horno a unos 200 grados Fahrenheit y cocine las costillas durante una hora aproximadamente

Aumente la temperatura a 225 grados Fahrenheit y siga cocinando durante otras 2-3 horas

Precaliente su ahumador a una temperatura de ahumado de 250 grados Fahrenheit

Desenvuelve las costillas cocidas y desecha el jugo de manzana

Colóquelos encima de su ahumador

Cocine en su ahumador hasta que la superficie de la carne esté finamente seca, debería tomar unos 5-10 minutos Después de lo cual, continúe cocinando, asegurándose de cepillar con la salsa después de cada 15 minutos

Darle la vuelta después de 30 minutos

Repetir y cocinar durante 1 hora

Servir caliente cuando esté tierno

La nutrición:

Calorías: 169

Grasas: 5g

Carbohidratos: 3g

Fibra: 3g

Asado de cerdo fácil

Tiempo de preparación: 15 minutos

Tiempo de cocción: 4-5 horas

Porciones: 4

Ingredientes:

1 asado de ternera entero de 4-5 libras

¼ de taza de aceite de oliva

¼ de taza de azúcar moreno compacto

2 cucharadas de condimento cajún

2 cucharadas de pimentón

2 cucharadas de pimienta de cayena

Direcciones:

Precaliente su ahumador a 225 grados Fahrenheit utilizando pellets de madera de roble Preferred

Frote el asado de pechuga por todas partes con aceite de oliva

Tome un bol pequeño y añada el azúcar moreno, el pimentón, el condimento cajún, la cayena

Cubrir bien el asado con la mezcla de especias

Transfiera el asado de ternera a la rejilla del ahumador y ahúmelo durante 4-5 horas

Una vez que la temperatura interna alcance los 165 grados Fahrenheit, saque la carne y córtela en rodajas

Que lo disfrutes.

La nutrición:

Calorías: 219

Grasas: 16g

Carbohidratos: 0g

Fibra: 3g

Lomo de cerdo con jalapeño y bacon

Tiempo de preparación: 25 minutos

Tiempo de cocción: 2 horas y 30 minutos

Raciones: 4 a 6

Ingredientes:

¼ de taza de mostaza amarilla

2 lomos de cerdo (1 libra)

¼ de taza de aliño seco Our House

8 onzas de queso crema, ablandado

1 taza de queso Cheddar rallado

1 cucharada de mantequilla sin sal, derretida

1 cucharada de ajo picado

2 chiles jalapeños, sin semillas y cortados en dados

1½ libras de tocino

Direcciones:

Unte la mostaza por todos los solomillos de cerdo y luego rocíe generosamente con los aliños secos para cubrir la carne.

Suministre su ahumador con pellets de madera Preferred y siga el procedimiento de puesta en marcha específico del fabricante. Precaliente a 225°F con la tapa cerrada.

Colocar los solomillos directamente en la parrilla, cerrar la tapa y ahumar durante 2 horas.

Retire el cerdo de la parrilla y aumente la temperatura de ahumado a 375°F.

En un bol pequeño, combina el queso crema, el queso Cheddar, la mantequilla derretida, el ajo y los jalapeños.

Empezando por la parte superior, corte profundamente a lo largo del centro de cada lomo de extremo a extremo, creando una cavidad.

Extender la mitad de la mezcla de queso crema en la cavidad de un lomo. Repetir con el resto de la mezcla y el otro trozo de carne.

Envuelva firmemente un lomo con la mitad del tocino. Repetir con el resto del bacon y el otro trozo de carne.

Transfiera los lomos envueltos en tocino a la parrilla, cierre la tapa y ahúme durante unos 30 minutos, o hasta que un termómetro de carne insertado en la parte más gruesa de la carne indique 160°F y el tocino esté dorado y cocido.

Dejar reposar los solomillos de 5 a 10 minutos antes de cortarlos y servirlos.

La nutrición:

Calorías: 527 kCal

Tocino a la parrilla

Tiempo de preparación: 30 minutos

Tiempo de cocción: 25 minutos

Porciones: 6

Ingredientes:

1 libra de tocino cortado grueso

Direcciones:

Precaliente su parrilla de pellets de madera a 375°F.

Forre una bandeja para hornear con papel pergamino y coloque el tocino en una sola capa.

Cerrar la tapa y hornear durante 20 minutos. Dale la vuelta, cierra la tapa y hornea durante 5 minutos más.

Servir con la guarnición favorita y disfrutar.

La nutrición:

Calorías 315

Grasa total 14g

Grasa saturada 10g

Total de carbohidratos 0g

Carbohidratos netos 0g

Proteína 9g

Azúcar 0g

Fibra 0g

Sodio: 500mg

Platos de carne de vacuno

Costillas de ternera ahumadas

Tiempo de preparación: 25 minutos

Tiempo de cocción: de 4 a 6 horas

Raciones: 4 a 8

Ingredientes:

2 (2 o 3 libras) de costillas de ternera

2 cucharadas de mostaza amarilla

1 lote de aliño de canela dulce y picante

Direcciones:

Suministre su ahumador con pellets de madera y siga el procedimiento de puesta en marcha específico del fabricante. Con la tapa cerrada, deje que la parrilla se caliente a 225°F.

Retire la membrana de la parte trasera de las costillas. Para ello, corte la membrana en forma de X y pase una toalla de papel entre la membrana y las costillas para retirarla.

Cubrir las costillas por todas partes con mostaza y sazonarlas con el aliño. Con la ayuda de las manos, ponga el aliño en la carne.

Coloque las costillas directamente en la rejilla y ahúmelas hasta que su temperatura interna alcance entre 190°F y 200°F.

Retire las rejillas de la parrilla y córtelas en costillas individuales. Servir inmediatamente.

La nutrición:

Calorías: 300

Grasa: 30g

Carbohidratos: 2g

Fibra dietética 0g

Proteínas: 40g

Sugerencia del maestro

Cubra las costillas con una fina capa de su salsa barbacoa favorita y termine durante 10 minutos más a 300°F.

Pastel de carne a la parrilla de pellets

Tiempo de preparación: 30 minutos

Tiempo de cocción: 6 horas

Porciones: 8

Ingredientes:

1 taza de pan rallado

2 libras de carne molida

¼ de libra de salchicha molida

2 huevos grandes (batidos)

 2 dientes de ajo (rallados)

½ cucharadita de pimienta negra molida

¼ de cucharadita de copos de pimienta roja

½ cucharadita de sal o al gusto

1 cucharadita de perejil seco

1 cebolla verde (picada)

1 cucharadita de pimentón

½ cucharadita de condimento italiano

1 cebolla pequeña (picada)

1 taza de leche

1 taza de salsa BBQ

½ taza de zumo de manzana

Direcciones:

Precaliente la parrilla a 225°F con la tapa cerrada durante 15 minutos, usando una bolita de manzana

En un bol grande, mezcle el huevo, la leche, el perejil, la cebolla, la cebolla verde, el pimentón, el condimento italiano, el pan rallado, la carne picada, la salchicha picada, la sal, los copos de pimienta, la pimienta negra y el ajo. Mezclar bien hasta que los ingredientes estén bien combinados.

Forme una hogaza con la mezcla y envuélvala sin apretar en papel de aluminio y utilice un cuchillo para hacer algunos agujeros en el papel. Los agujeros permitirán que el sabor a humo entre en el pan.

Coloque el pan envuelto en la rejilla y ase durante 1 hora y 30 minutos.

Mientras tanto, combina la salsa barbacoa y el zumo de manzana en un bol.

Rompa la mitad superior del papel de aluminio para aplicar el glaseado. Aplique el glaseado sobre el pastel de carne. Continúe asando hasta que la temperatura interna del pastel de carne sea de 160°F.

Retire el pastel de carne de la parrilla y déjelo reposar unos minutos para que se enfríe.

Cortar y servir.

La nutrición:

Carbohidratos: 22 g   Grasa: 6 g

Proteínas: 28 g   Sodio: 1213 mg

Colesterol: 81 mg

Pecho a la barbacoa

Tiempo de preparación: 30 minutos

Tiempo de cocción: 6 horas

Porciones: 8

Ingredientes:

1 (12-14) pechuga de ternera empacada

1 cucharadita de pimienta de cayena

1 cucharadita de comino

2 cucharadas de pimentón

1 cucharada de pimentón ahumado

1 cucharada de cebolla en polvo

1 /2 cucharada de azúcar de arce

2 cucharaditas de pimienta negra molida

2 cucharaditas de sal kosher

Direcciones:

Combine todos los ingredientes, excepto la falda, en un recipiente para mezclar.

Sazone todos los lados de la falda con la mezcla de condimentos según sea necesario y envuelva la falda en papel plástico. Refrigere durante 12 horas o más.

Desenvuelve la falda y déjala reposar durante unas 2 horas o hasta que la falda esté a temperatura ambiente.

Precaliente la parrilla de pellets a 225 °F con la tapa cerrada, utilizando pellets de madera de mezquite o roble.

Coloque la falda en la parrilla y ase durante unas 6 horas. Retire la falda de la parrilla y envuélvala con papel de aluminio.

Vuelva a poner la falda en la parrilla y cocínela durante unas 4 horas o hasta que la temperatura de la falda alcance los 204°F.

Retire la falda de la parrilla y déjela reposar durante unos 40 minutos para que se enfríe.

Desenvolver la falda y cortarla en rodajas.

La nutrición:

Carbohidratos: 22 g

Proteínas: 28 g

Grasa: 6 g

Sodio: 1213 mg

Colesterol: 81 mg

Asado de punta

Tiempo de preparación: 30 minutos

Tiempo de cocción: 50 minutos

Porciones: 8

Ingredientes:

2 libras de asado de tri-tip (sin piel plateada ni tapa de grasa)

1 cucharadita de sal

1 cucharadita de pimienta negra molida

½ cucharadita de pimentón

1 cucharadita de romero fresco

1 cucharadita de ajo en polvo

1 cucharada de aceite de oliva

Direcciones:

Combine la sal, la pimienta, el ajo, el pimentón y el romero.

Unte el asado con aceite de oliva generosamente. Sazone el asado con la mezcla de condimentos generosamente.

Precaliente el ahumador de la parrilla a 225 °F con la tapa cerrada durante 15 minutos, utilizando pellets de madera de nogal americano, mezquite o roble.

Coloque el asado de tripa en la rejilla directamente y cocine durante aproximadamente 1 hora o hasta que la temperatura de la tripa alcance los 135°F.

Retirar la tripa de la parrilla y envolverla con papel de aluminio resistente. Colóquelo en una nevera.

Ajuste la temperatura del grill a alta y precaliéntelo con la tapa cerrada durante 15 minutos.

Saque la punta de tripa del papel de aluminio y colóquela en la parrilla durante 8 minutos, dándole la vuelta a la punta de tripa después de los primeros 4 minutos.

Retirar la tripa de la parrilla y dejarla reposar unos minutos para que se enfríe.

Córtelas en rodajas a contrapelo y sírvalas.

La nutrición:

Carbohidratos: 22 g

Proteínas: 28 g

Grasa: 6 g

Sodio: 13 mg

Colesterol: 81 mg

Nachos de carne cargados

Tiempo de preparación: 10 minutos

Tiempo de cocción: 25 minutos

Porciones: 6

Ingredientes:

Carne picada (1 libra, 0.45-kgs)

1 bolsa grande de chips de tortilla

1 pimiento verde, sin semillas y cortado en dados

Cebollas en rodajas - ½ taza

Cebolla roja, pelada y cortada en dados - ½ taza

Queso Cheddar, rallado - 3 tazas

Crema agria, guacamole, salsa - para servir

Direcciones:

En una sartén de hierro fundido, coloque una doble capa de chips de tortilla.

Esparza por encima la carne picada, el pimiento, las cebolletas, la cebolla roja y, por último, el queso cheddar.

Coloque la sartén de hierro fundido en el grill y cocine durante aproximadamente 10 minutos hasta que el queso se haya derretido por completo.

Sácalo de la parrilla y sírvelo con crema agria, guacamole y salsa al lado.

La nutrición:

Calorías: 160

Colesterol: 39

Fibra dietética: 1

Proteínas: 10

Sodio: 361

Carbohidratos totales: 7

Grasa total: 10

Rollo de mortadela ahumada entera

Tiempo de preparación: 10 minutos

Tiempo de cocción: 4 horas y 20 minutos

Porciones: 12

Ingredientes:

Rollo de mortadela entera (3 libras, 1,4 kg)

Pimienta negra recién molida - 2 cucharadas

Azúcar moreno - ¾ de taza

Mostaza amarilla - ¼ de taza

Direcciones:

Combine la pimienta negra y el azúcar moreno.

Marcar el exterior de la mortadela con un patrón de rombos.

Extienda la mostaza por el exterior de la mortadela y, a continuación, frote con la pimienta negra/azúcar hasta que quede bien cubierta.

Coloque la mortadela en la rejilla superior del ahumador y cocínela durante 3-4 horas hasta que el exterior se caramelice.

Cortar la mortadela en rodajas de grosor medio y servir.

La nutrición:

Calorías: 210kcal

Salsas y aliños

Aliño de pollo al tomillo ahumado

Tiempo de preparación: 5 minutos

Tiempo de cocción: 5 minutos

Porciones: 1

Ingredientes:

1/4 de taza de aceite de oliva

1/4 de taza de marinada de soja

2 cucharadas de cebolla en polvo

2 cucharadas de pimienta de cayena

2 cucharaditas de pimentón

2 dientes de ajo machacados

1 a ½ cucharadita de pimienta negra

1 cucharadita de orégano seco

1 cucharadita de tomillo seco

Direcciones:

Simplemente coloque todos los ingredientes en un frasco hermético, revuelva bien para combinar y luego cierre.

Utilizar antes de seis meses.

La nutrición:

Calorías: 20

Grasa: 1g

Carbohidratos: 6g

Proteínas: 1g

Alimento para patas de pavo ahumadas

Tiempo de preparación: 5 minutos

Tiempo de cocción: 5 minutos

Porciones: 1

Ingredientes:

3 cucharadas de cebolla en polvo

2 cucharadas de pimentón

1 cucharada de ajo en polvo

1 cucharadita de pimienta molida

1 cucharadita de comino molido

3 cucharadas de aceite vegetal

Direcciones:

Simplemente coloque todos los ingredientes en un frasco hermético, revuelva bien para combinar y luego cierre.

Utilizar antes de seis meses.

La nutrición:

Calorías: 10

Azúcar: 1g

Proteínas: 2g

Aliño de pollo cajún ahumado

Tiempo de preparación: 5 minutos

Tiempo de cocción: 5 minutos

Porciones: 1

Ingredientes:

2 cucharadas de cebolla en polvo

1 cucharadita de orégano seco

2 cucharadas de pimienta de cayena

2 cucharaditas de pimentón

2 cucharaditas de ajo en polvo

6 cucharadas de marinada picante al estilo de Luisiana

2 cucharaditas de sal de Lawry's

1 cucharadita de pimienta negra

1 cucharadita de tomillo seco

Direcciones:

Simplemente coloque todos los ingredientes en un frasco hermético, revuelva bien para combinar y luego cierre.

Utilizar antes de seis meses.

La nutrición:

Calorías: 5

Carbohidratos: 1g

La mejor salsa BBQ de Bill

Tiempo de preparación: 10 minutos

Tiempo de cocción: 30 minutos

Porciones: 3

Ingredientes:

1 cebolla pequeña, finamente picada

2 dientes de ajo, finamente picados

2 tazas de ketchup

1 taza de agua

½ taza de melaza

½ taza de vinagre de sidra de manzana

5 cucharadas de azúcar granulado

5 cucharadas de azúcar moreno claro

1 cucharada de salsa Worcestershire

1 cucharada de zumo de limón recién exprimido

2 cucharaditas de humo líquido

1½ cucharaditas de pimienta negra recién molida

1 cucharada de mostaza amarilla

Direcciones:

En una cacerola a fuego medio, combine la cebolla, el ajo, el ketchup, el agua, la melaza, el vinagre de sidra de manzana, el azúcar granulado, el azúcar moreno, la salsa Worcestershire, el zumo de limón, el humo líquido, la pimienta negra y la mostaza. Esperar a que hierva, luego reducir el fuego a bajo y cocer a fuego lento durante 30 minutos, colando los trozos más grandes, si se desea.

Si la salsa se enfría por completo, puede transferirla a un recipiente hermético y refrigerarla hasta 2 semanas, o utilizar un proceso de enlatado para conservarla durante más tiempo.

La nutrición:

Calorías: 60

Carbohidratos: 13g

Grasa: 1g

Proteínas: 0g

Platos de marisco

Cangrejo ahumado jugoso con canela y jengibre

Tiempo de preparación: 10 minutos

Tiempo de cocción: 30 minutos

Porciones: 10 porciones

Ingredientes:

Cangrejos frescos (7 libras, 3,2 kg.)

Las especias

Sal - 1 cucharada

Semillas de apio molidas - 3 cucharadas

Mostaza molida - 2 cucharaditas

Pimienta de Cayena - ½ cucharadita

Pimienta negra - ½ cucharadita

Pimentón ahumado - 1 ½ cucharaditas

Clavo de olor molido - Una pizca

Pimienta de Jamaica molida - ¾ de cucharadita

Jengibre molido - 1 cucharadita

Cardamomo molido - ½ cucharadita

Canela molida - ½ cucharadita

Hojas de laurel - 2

Direcciones:

Combine todas las especias -sal, semillas de apio molidas, mostaza, pimienta de cayena, pimienta negra, pimentón ahumado, clavo, pimienta de Jamaica, jengibre, cardamomo y canela- en un bol y mézclalas bien.

Espolvoree la mezcla de especias sobre los cangrejos y luego envuélvalos con papel de aluminio.

A continuación, enchufe el ahumador de pellets y llene la tolva con el pellet. Encienda el interruptor.

Ajuste el ahumador para calor indirecto y luego ajuste la temperatura de ahumado a 350°F (177°C).

Coloque los cangrejos envueltos en el ahumador de pellets y ahúmelos durante 30 minutos.

Una vez que esté hecho, retire los carbohidratos ahumados envueltos del ahumador de pellets y déjelos reposar durante aproximadamente 10 minutos.

Desenvolver los cangrejos ahumados y pasarlos a una fuente.

Sirve y disfruta.

La nutrición:

255 calorías

0,3 g de grasa total

0 mg de colesterol

13 mg de sodio

66,4 g de carbohidratos

1,3 g de proteínas

Fletán a la leña

Tiempo de preparación: 5 minutos

Tiempo de cocción: 20 minutos

Porciones: 4

Ingredientes:

Pellet: Hickory

libra de filete de fletán

1 lote de aliño para marisco con eneldo

Direcciones:

Suministre su ahumador con pellets de madera y siga el procedimiento de puesta en marcha específico del fabricante. Precaliente la parrilla, con la tapa cerrada, a 325°F.

Rocíe el filete de fletán por todos los lados con el aliño. Con las manos, aplique el aliño a la carne.

Coloque el fletán directamente en la rejilla y ase hasta que su temperatura interna alcance los 145°F. Retire el fletán de la parrilla y sírvalo inmediatamente.

La nutrición:

Calorías: 320

Grasa: 0g

Carbohidratos: 0g

Proteínas: 0g

Lubina chilena

Tiempo de preparación: 30 minutos

Tiempo de cocción: 40 minutos

Porciones: 6

Ingredientes:

4 filetes de lubina, sin piel, cada uno de unos 6 onzas

Alimento para el pollo, según sea necesario

8 cucharadas de mantequilla sin sal

2 cucharadas de hojas de tomillo picadas

Rodajas de limón para servir

Para la marinada:

1 limón, exprimido

4 cucharaditas de ajo picado

1 cucharada de tomillo picado

1 cucharadita de aliño negro

1 cucharada de orégano picado

¼ de taza de aceite

Direcciones:

Prepare la marinada y para ello, tome un bol pequeño, coloque todos sus ingredientes en él, revuelva hasta que estén bien combinados y luego vierta la mezcla en una bolsa de plástico grande.

Añada los filetes en la bolsa, ciérrela, póngala boca abajo para cubrir los filetes con la marinada y déjela marinar durante un mínimo de 30 minutos en el frigorífico.

Cuando esté listo para cocinar, encienda la parrilla, llene la tolva de la parrilla con pellets de madera con sabor a manzana, encienda la parrilla utilizando el panel de control, seleccione "humo" en el dial de temperatura, o ajuste la temperatura a 325 grados F y deje que se precaliente durante un mínimo de 15 minutos.

Mientras tanto, coge un molde grande para hornear y ponle mantequilla.

Cuando la parrilla se haya precalentado, abra la tapa, coloque la bandeja para hornear en la rejilla de la parrilla y espere hasta que la mantequilla se derrita.

Saque los filetes de la marinada, vierta la marinada en la sartén con la mantequilla derretida, luego sazone los filetes con los aliños para pollo hasta que estén cubiertos por todos los lados, luego colóquelos en la sartén, cierre la parrilla y cocine durante 30 minutos hasta que la temperatura interna alcance los 160 grados F, rociando frecuentemente con la salsa de mantequilla.

Cuando esté hecho, pasar los filetes a una fuente, espolvorear con tomillo y servir con rodajas de limón.

La nutrición:

Calorías: 232

Grasa: 12,2 g

Carbohidratos: 0,8 g

Proteínas: 28,2 g

Salmón ahumado

Tiempo de preparación: 12 horas

Tiempo de cocción: 4 horas

Porciones: 6

Ingredientes:

Para la salmuera

4 tazas de agua

1 taza de azúcar moreno

1/3 de taza de sal kosher

Para el salmón

1 filete grande de salmón con piel

Auténtico jarabe de arce

Direcciones:

Combine los ingredientes de la salmuera hasta que el azúcar esté completamente disuelto; luego colóquelo en una bolsa grande con cierre o en un recipiente grande con tapa; luego coloque el salmón limpio en esa salmuera, y refrigere durante unas 10 a 12 horas.

Una vez que el pescado esté perfectamente en salmuera, retírelo del líquido; luego enjuáguelo y séquelo con toallas de papel limpias.

Deje el pescado a temperatura ambiente durante 1 ó 2 horas para que se forme la película.

Encienda el ahumador para encender el fuego; a continuación, coloque el salmón sobre una rejilla para hornear rociada con spray de cocina

Coloque la rejilla sobre el ahumador; luego cierre la tapa

Bañar el salmón con el jarabe puro generosamente

Ahumar durante unas 3 o 4 horas; luego servir y disfrutar.

La nutrición:

Calorías: 101

Grasa: 2g

Carbohidratos: 16g

Proteínas: 4g

Sardinas ahumadas

Tiempo de preparación: 12 horas

Tiempo de cocción: 5 horas

Porciones: 5

Ingredientes:

De 20 a 30 sardinas frescas evisceradas

4 tazas de agua

¼ de taza de sal Kosher

¼ de taza de miel

4 ó 5 hojas de laurel

1 Cebolla picada o rallada finamente

2 dientes de ajo machacados

½ taza de perejil o cilantro picado

3 ó 4 chiles secos o picantes triturados

2 cucharadas de granos de pimienta negra molida

Direcciones:

Empieza por eviscerar y lavar las sardinas; luego quita la espina dorsal y las costillas

Para hacer una salmuera, ponga todos los ingredientes anteriores, excepto las sardinas, en una olla; luego lleve la mezcla a ebullición y apague el fuego después

Revuelve los ingredientes para combinarlos; luego tápalos y deja que se pongan a temperatura ambiente

Cuando la salmuera esté perfectamente fría, sumerja las sardinas en ella en un recipiente grande, tapado y no reactivo.

Dejar las sardinas en remojo en la nevera durante unas 12 horas o toda la noche

Saque las sardinas de la salmuera, enjuáguelas rápidamente bajo el agua fría y séquelas a palmaditas.

Dejar secar sobre una rejilla en un lugar fresco durante unos 30 a 60 minutos

Asegúrese de dar la vuelta al pescado una vez; una vez que las sardinas le parezcan secas, colóquelas en un ahumador lo más lejos posible del calor.

Ahumar las sardinas durante unas 4 o 5 horas sobre madera de almendro

La nutrición:

Calorías: 180

Grasa: 10g

Carbohidratos: 0g

Proteínas: 13g

Aperitivos y guarniciones

Cuña de ajo y parmesano

Tiempo de preparación: 15 minutos

Tiempo de cocción: de 30 a 35 minutos

Porciones: 4

Ingredientes:

3 patatas rojas grandes

¼ de taza de aceite de oliva virgen extra

1 cucharadita de sal

¾ de cucharadita de pimienta negra hu

2 cucharaditas de ajo en polvo

¾ de taza de queso parmesano rallado

3 cucharadas de cilantro fresco o perejil de hoja plana (opcional)

½ taza de queso azul o aderezo ranchero por porción, para remojar (opcional)

Direcciones:

Frote suavemente las patatas con agua fría utilizando un cepillo de verduras para secarlas.

Cortar las patatas por la mitad en sentido vertical y cortarlas por la mitad.

Limpie con una toalla de papel el agua que haya soltado al cortar las patatas. La humedad impide que las cuñas queden crujientes.

Ponga el trozo de patata, el aceite de oliva, la sal, la pimienta y el ajo en polvo en un bol grande y agítelo ligeramente con la mano para distribuir el aceite y las especias de manera uniforme.

Coloque las cuñas en una sola capa de bandeja/plancha/canasta antiadherente (de unos 15 x 12 pulgadas).

Ajuste la parrilla de pellets de madera r para la cocción indirecta y utilice todos los tipos de pellets de madera para precalentar a 425 grados Fahrenheit.

Poner la bandeja de la parrilla en el ahumador y la parrilla precalentados, asar la cuña de patata durante 15 minutos y darle la vuelta. Asa la cuña de patata durante 15-20 minutos más hasta que las patatas estén blandas por dentro y crujientes y doradas por fuera.

Espolvorear la cuña de patata con queso parmesano y añadir cilantro o perejil según sea necesario. Si es necesario, añada queso azul o aderezo ranchero para la salsa.

La nutrición:

Calorías: 112

Carbohidratos: 17g

Grasa: 3g

Proteínas: 3g

Verduras asadas

Tiempo de preparación: 20 minutos

Tiempo de cocción: de 20 a 40 minutos

Porciones: 4

Ingredientes:

1 taza de floretes de coliflor

1 taza de champiñones pequeños, la mitad

1 calabacín mediano, cortado por la mitad

1 calabaza amarilla mediana, cortada por la mitad

1 pimiento rojo de tamaño medio, picado a 1,5-2 pulgadas

1 cebolla roja pequeña, picada a 1½-2 pulgadas

6 onzas de zanahoria pequeña

6 espárragos de tallo medio, cortados en trozos de 1 pulgada

1 taza de tomate cherry o de uva

¼ Aceite de oliva virgen extra con sabor a ajo asado

2 cucharadas de vinagre balsámico

3 ajos picados

1 cucharadita de tomillo seco

1 cucharadita de orégano seco

1 cucharadita de sal de ajo

½ cucharadita de pimienta negra

Direcciones:

Ponga los ramilletes de coliflor, los champiñones, el calabacín, la calabaza amarilla, los pimientos rojos, las cebollas rojas, las zanahorias, los espárragos y los tomates en un bol grande.

Añade a las verduras el aceite de oliva, el vinagre balsámico, el ajo, el tomillo, el orégano, la sal de ajo y la pimienta negra.

Echar las verduras suavemente con la mano hasta que estén completamente cubiertas por el aceite de oliva, las hierbas y las especias.

Distribuya las verduras sazonadas de manera uniforme en una bandeja/sartén/canasta antiadherente (de unos 15 x 12 pulgadas).

Ajuste el ahumador de pellets de madera y la parrilla para la cocción indirecta y precaliéntelo a 425 grados Fahrenheit utilizando todos los tipos de pellets de madera.

Transfiera la bandeja de la parrilla a un ahumador y parrilla precalentados y ase las verduras durante 20-40 minutos o hasta que las verduras estén perfectamente cocidas. Apáguelas inmediatamente.

La nutrición:

Calorías: 114

Carbohidratos: 17g

Grasa: 4g

Proteínas: 3g

Turds de búfalo atómico

Tiempo de preparación: de 30 a 45 minutos

Tiempo de cocción: de 1,5 a 2 horas

Porciones: 6

Ingredientes:

10 chiles jalapeños medianos

8 onzas de queso crema normal a temperatura ambiente

¾ de taza de mezcla de quesos Monterey Jack y Cheddar rallados (opcional)

1 cucharadita de pimentón ahumado

1 cucharadita de ajo en polvo

½ cucharadita de pimienta de cayena

Cucharadita de copos de pimienta roja (opcional)

20 salchichas ahumadas

10 rebanadas de tocino, cortadas por la mitad

Direcciones:

Use guantes para el servicio de alimentos cuando los utilice. Los pimientos jalapeños se lavan verticalmente y se cortan en rodajas. Retire cuidadosamente las semillas y las venas con una cuchara o un cuchillo de pelar y deséchelos. Coloque los jalapeños en una bandeja para verduras a la parrilla y apártelos.

En un tazón pequeño, mezcle el queso crema, el queso rallado, el pimentón, el ajo en polvo, la pimienta de cayena si se usa, y las hojuelas de pimienta roja si se usa, hasta que estén bien mezclados.

Mezclar el queso crema con la mitad del chile jalapeño.

Coloque la salchicha Little Smokiness sobre la mitad del chile jalapeño relleno.

Envuelva la mitad del tocino fino alrededor de la mitad de cada chile jalapeño.

Fije el tocino a la salchicha con un palillo para que el pimiento no se perfore. Colocar el ABT en la bandeja o sartén de la parrilla.

Ajuste el ahumador de pellets de madera y la parrilla para la cocción indirecta y precaliéntelo a 250 grados Fahrenheit utilizando pellets de nogal o mezclas.

Chupar los chiles jalapeños a 250 ° F durante aproximadamente 1,5 a 2 horas hasta que el tocino esté cocido y crujiente.

Retire el ABT de la parrilla y déjelo reposar durante 5 minutos antes de los aperitivos.

La nutrición:

Calorías: 131

Carbohidratos: 1g

Grasa: 12g

Proteínas: 5g

Espaguetis al horno dos veces

Tiempo de preparación: 15 minutos

Tiempo de cocción: de 45 a 60 minutos

Raciones: 2

Ingredientes:

1 calabaza mediana para espaguetis

1 cucharada de aceite de oliva virgen extra

1 cucharadita de sal

½ cucharadita de pimienta

½ trozo de queso mozzarella rallado, partido

½ taza de queso parmesano, partido

Direcciones:

Con un hermoso cuchillo grande y afilado, corta cuidadosamente la calabaza por la mitad a lo largo. Utiliza una cuchara para retirar de cada mitad las semillas y la pulpa.

Frote el aceite de oliva en el interior de la mitad de la calabaza y espolvoree con sal y pimienta.

Ajuste el ahumador de pellets de madera y la parrilla para la cocción indirecta y precaliéntelo a 375 grados Fahrenheit utilizando todos los tipos de pellets de madera.

Coloque la calabaza con la mitad hacia arriba directamente sobre la rejilla caliente.

Cocine la calabaza durante unos 45 minutos hasta que la temperatura interna alcance los 170 grados Fahrenheit. Cuando esté completa, la calabaza espagueti se ablanda y se perfora fácilmente con un tenedor.

Pasar la calabaza a la tabla de cortar y enfriar durante 10 minutos.

5. Aumente la temperatura del ahumador de pellets de madera y de la parrilla a 425 °F.

Con un tenedor, saque la calabaza de un lado a otro, con cuidado de no dañar la cáscara, y retire los trozos de carne. Observe que el soporte parece un espagueti.

Pasar la hebra a un bol grande. Añadir la mitad del queso mozzarella y el queso parmesano y mezclar.

Rellene la mitad de la cáscara de calabaza con la mezcla y espolvoree el resto del queso mozzarella y parmesano por encima.

Hornee las mitades de espaguetis envasadas a 425 °F durante otros 15 minutos o hasta que el queso esté dorado.

La nutrición:

Calorías: 230

Carbohidratos: 9g

Grasa: 17g

Proteínas: 12g

Maíz a la parrilla

Tiempo de preparación: 15 minutos

Tiempo de cocción: 25 minutos

Porciones: 6

Ingredientes:

6 mazorcas frescas de maíz

Sal

Pimienta negra

Aceite de oliva

Condimento para verduras

Mantequilla para servir

Direcciones:

Precaliente la parrilla a temperatura alta con la tapa cerrada.

Pelar las hojas. Retirar la seda del maíz. Frote con pimienta negra, sal, condimento vegetal y aceite.

Cerrar las cáscaras y asar durante 25 minutos. Dales la vuelta de vez en cuando.

Servir con mantequilla y disfrutar.

La nutrición:

Calorías: 70   Proteínas: 3g

Carbohidratos: 18g   Grasa: 2g

Platos de verduras

Espárragos ahumados

Tiempo de preparación: 5 minutos

Tiempo de cocción: 1 hora

Porciones: 4

Ingredientes:

1 manojo de espárragos frescos con las puntas cortadas

2 cucharadas de aceite de oliva

Sal y pimienta al gusto

Direcciones:

Encienda su ahumador de pellets de madera a 230 °F

Colocar los espárragos en un bol y rociarlos con aceite de oliva. Sazone con sal y pimienta.

Coloca los espárragos en una hoja de papel de aluminio y dobla los lados de forma que crees una cesta.

Ahumar los espárragos durante 1 hora o hasta que estén blandos dándoles la vuelta después de media hora.

Retirar de la parrilla y servir. Disfrute.

La nutrición:

Calorías: 43

Grasa total: 2g

Total de carbohidratos: 4g

Carbohidratos netos: 2g

Proteínas: 3g

Azúcar: 2g

Fibra: 2g

Sodio: 148mg

Calabaza de bellota ahumada

Tiempo de preparación: 10 minutos

Tiempo de cocción: 2 horas

Porciones: 6

Ingredientes:

3 cucharadas de aceite de oliva

3 calabazas de bellota, cortadas por la mitad y sin semillas

1/4 de taza de mantequilla sin sal

1/4 de taza de azúcar moreno:

1 cucharada de canela molida

1 cucharada de chile en polvo

1 cucharada de nuez moscada molida

Direcciones:

Unte con aceite de oliva los lados cortados de la calabaza de bellota y cubra las mitades con papel de aluminio. Haz agujeros en el papel de aluminio para que pase el vapor y el humo.

Enciende el pellet de madera a 225°F y ahuma la calabaza durante 1 ½-2 horas.

Retire la calabaza del ahumador y déjela reposar.

Mientras tanto, derrita la mantequilla, el azúcar y las especias en un cazo y remueva bien para combinarlos.

Retira el papel de aluminio de la calabaza y pon la mezcla de mantequilla en cada mitad de calabaza. Disfrute.

La nutrición:

Calorías: 149

Grasa total: 10g

Grasas saturadas: 5g

Total de carbohidratos: 14g

Carbohidratos netos: 12g

Proteínas: 2g

Azúcar: 0g

Fibra: 2g

Sodio: 19mg

Potasio: 0mg

Perros veganos de zanahoria ahumada

Tiempo de preparación: 25 minutos

Tiempo de cocción: 35 minutos

Porciones: 4

Ingredientes:

4 zanahorias gruesas

2 cucharadas de aceite de aguacate

1 cucharada de humo líquido

1/2 cucharada de ajo en polvo

Sal y pimienta al gusto

Direcciones:

Precaliente la parrilla de pellets de madera a 425°F y forre una bandeja para hornear con papel pergamino.

Pelar las zanahorias y redondear los bordes.

En un bol, mezclar el aceite, el humo líquido, el ajo, la sal y la pimienta. Coloca las zanahorias en la bandeja de horno y vierte la mezcla por encima.

Pase las zanahorias para cubrirlas uniformemente con la mezcla y use las puntas de los dedos para masajear la mezcla en las zanahorias.

Colóquelas en la parrilla y áselas durante 35 minutos o hasta que las zanahorias estén tiernas como un tenedor, asegurándose de darles la vuelta y cepillarlas cada 5 minutos con la marinada.

Retirar de la parrilla y colocar las zanahorias en un bollo para perritos calientes. Sirve con tus aderezos favoritos y disfruta.

La nutrición:

Calorías: 149

Grasa total: 1,6g

Grasas saturadas: 0,3g

Total de carbohidratos: 27,9g

Carbohidratos netos: 24,3g

Proteínas: 5,4g

Azúcar: 5,6g

Fibra: 3,6g

Sodio: 516mg

Potasio: 60mg

Postres

Agujeros de donuts con azúcar y

canela

Tiempo de preparación: 10 minutos

Tiempo de cocción: 35 minutos

Porciones: 4

Ingredientes:

1/2 taza de harina

1 cucharada de almidón de maíz

1/2 cucharadita de levadura en polvo

1/8 cucharadita de bicarbonato de sodio

1/8 cucharadita de canela molida

1/2 cucharadita de sal kosher

1/4 de taza de suero de leche

1/4 de taza de azúcar

1 1/2 cucharadas de mantequilla derretida

1 huevo

1/2 cucharadita de vainilla

Ingredientes de la cobertura:

2 cucharadas de azúcar

1 cucharada de azúcar

1 cucharadita de canela molida

Direcciones:

Precaliente la parrilla de pellets a 350°F.

En un tazón mediano, combine la harina, la maicena, el polvo de hornear, el bicarbonato de sodio, la canela molida y la sal kosher. Bata para combinar.

En un bol aparte, combinar el suero de leche, el azúcar, la mantequilla derretida, el huevo y la vainilla. Bata hasta que el huevo esté bien combinado.

Verter la mezcla húmeda en la mezcla de harina y remover. Remover sólo hasta que se combinen, con cuidado de no trabajar demasiado la mezcla.

Rocíe el molde para mini muffins con aceite en aerosol.

Poner 1 cucharada de la mezcla de los donuts en cada uno de los agujeros de los mini muffins.

Coloque el molde en la rejilla de la parrilla de pellets y hornee durante unos 18 minutos, o hasta que un palillo salga limpio.

Retirar el molde de magdalenas de la parrilla y dejar reposar unos 5 minutos.

En un bol pequeño, combine 1 cucharada de azúcar y 1 cucharadita de canela molida.

Derretir 2 cucharadas de mantequilla en una fuente de cristal. Sumergir cada agujero de donut en la mantequilla derretida, luego mezclar y revolver con el azúcar de canela. Colocar los agujeros de donut completados en un plato para servir.

La nutrición:

Calorías: 190

Grasa: 17 g

Colesterol: 0

Carbohidratos: 21 g

Fibra: 1 g

Azúcar: 8 g

Proteínas: 3 g

Galletas de chocolate de la parrilla de pellets

Tiempo de preparación: 20 minutos

Tiempo de cocción: 45 minutos

Porciones: 12

Ingredientes:

1 taza de mantequilla salada, ablandada

1 taza de azúcar

1 taza de azúcar moreno claro

2 cucharaditas de extracto de vainilla

2 huevos grandes

3 tazas de harina común

1 cucharadita de bicarbonato de sodio

1/2 cucharadita de levadura en polvo

1 cucharadita de sal marina natural

2 tazas de trozos de chocolate semidulce, o en trozos

Direcciones:

Precaliente la parrilla de pellets a 375°F.

Forrar una bandeja de horno grande con papel pergamino y dejarla a un lado.

En un bol mediano, mezclar la harina, el bicarbonato, la sal y la levadura en polvo. Una vez combinados, reservar.

En un bol de la batidora, combinar la mantequilla, el azúcar blanco y el azúcar moreno hasta que se combinen. Incorporar los huevos y la vainilla. Batir hasta que esté esponjoso.

Incorporar los ingredientes secos y seguir removiendo hasta que se combinen.

Añada las chispas de chocolate y mezcle bien.

Haz bolas con 3 cucharadas de masa cada vez y colócalas en la bandeja de horno. Sepáralas uniformemente, con unos 2 o 3 centímetros entre cada bola.

Coloque la bandeja de galletas directamente sobre la rejilla y hornee durante 20-25 minutos, hasta que el exterior de las galletas esté ligeramente dorado.

Retirar de la parrilla y dejar reposar durante 10 minutos. Sirva y disfrute.

La nutrición:

Calorías: 120

Grasa: 4

Colesterol: 7,8 mg

Carbohidratos: 22,8 g

Fibra: 0,3 g

Azúcar: 14,4 g

Proteínas: 1,4 g

Deliciosos donuts a la parrilla

Tiempo de preparación: 5 minutos

Tiempo de cocción: 10 minutos

Porciones: 6

Ingredientes:

1-1/2 tazas de azúcar en polvo

1/3 de taza de leche entera

1/2 cucharadita de extracto de vainilla

16 onzas de masa de galletas, preparadas

Aceite en spray, para engrasar

1 taza de chispas de chocolate, para espolvorear

Direcciones:

Coge un bol mediano y mezcla el azúcar, la leche y el extracto de vainilla.

Combinar bien para crear un glaseado.

Reservar el glaseado para su uso posterior.

Colocar la masa en la superficie plana y limpia.

Aplanar la masa con un rodillo.

Utiliza un molde de anillo, de aproximadamente una pulgada, y corta el agujero en el centro de cada masa redonda.

Colocar la masa en un plato y refrigerar durante 10 minutos.

Abra la parrilla e instale la rejilla en su interior.

Cierra el capó.

Ahora, selecciona el grill en el menú, y ajusta la temperatura a media.

Ajuste el tiempo a 6 minutos.

Seleccione inicio y comience el precalentamiento.

Sacar la masa del frigorífico y cubrirla con spray de cocina por ambos lados.

Cuando el aparato emite un pitido, el grill está precalentado; coloque la cantidad de masa ajustable en la rejilla del grill.

Cerrar la campana y cocinar durante 3 minutos.

Después de 3 minutos, retire los donuts y coloque el resto de la masa dentro.

Cocer durante 3 minutos.

Una vez que todas las rosquillas estén listas, espolvorear con chispas de chocolate por encima.

Disfruta.

La nutrición:

Calorías: 400   Grasas saturadas: 4,2g

Grasa total: 11g   Colesterol: 1mg

Sodio: 787mg

Fibra dietética 0,9g

Carbohidratos totales: 71.3g

Azúcares totales: 45,3g

Proteínas: 5,7g

Conclusión:

Enhorabuena por haber llegado hasta aquí. La mayoría de la gente asume que seguir una ceto con un contenido tan alto de grasa aumenta el riesgo de enfermedad coronaria o ataque al corazón. Pero las investigaciones demuestran lo contrario. La investigación muestra que el cambio a ceto puede reducir la presión arterial, aumentar el colesterol bueno HDL y reducir los niveles de ácidos grasos triglicéridos. Esto se debe a que las grasas que se consumen con ceto son de alta calidad, grasas saludables, que tienden a revertir muchos síntomas poco saludables de la enfermedad cardíaca y aumentar sus números de colesterol "bueno" HDL y disminuir sus números de colesterol "malo" LDL. También reduce el nivel de ácidos grasos triglicéridos en la sangre. Un nivel elevado de éstos puede provocar un derrame cerebral, un ataque al corazón o una muerte prematura. ¿Y cuáles son los niveles elevados de ácidos grasos ligados? El aumento del consumo de carbohidratos. Con la dieta keto, se reduce drásticamente el consumo de carbohidratos para mejorar los niveles de ácidos grasos y mejorar otros factores de riesgo. Un estudio de 2018 sobre la dieta ceto descubrió que puede mejorar hasta 22 de los 26 factores de riesgo de enfermedades cardiovasculares del corazón! Estos factores pueden ser cruciales para algunas personas, especialmente las que tienen antecedentes de enfermedades cardíacas en su familia.

Disfruta.

CPSIA information can be obtained
at www.ICGtesting.com
Printed in the USA
BVHW090011080621
608941BV00004B/1064